AF338819

SAINT CHRISTOPHE

Protecteur de nos aïeux,

sauvegarde actuelle des fidèles pendant les jours mauvais,

protecteur spécial contre les maladies épidémiques,

les tempêtes, les périls des séditions, la mort subite, etc.

RECUEIL DE FAITS ÉCLATANTS

sur

LA VIE, LE CULTE, LES MIRACLES DU SAINT MARTYR

avec des invocations dont la principale pour les temps présents

PAR

ADRIEN PELADAN

chevalier de Saint-Sylvestre,

HONORÉ POUR SES OUVRAGES DE PLUSIEURS BREFS DE S. S. PIE IX

—

PRIX : 50 centimes

Avec la photographie du Saint : 75 c.

NIMES

CHEZ L'AUTEUR

rue de la Vierge, 10

1878

—

Nota. — Tout vigilant chrétien devrait faire son *vade-mecum* de notre photographie de saint Christophe, avec l'invocation au verso, se rappelant cet adage célèbre de nos pères : *Regarde saint Christophe, puis va-t-en rassuré.* Les prédictions de la Sainte Vierge sur les maux qui nous menacent sont une sollicitation pressante à cet effet.

Photographie de saint Christophe, format album..   0 fr. 75
    id.   id.   format carte...   0 , 50
La douzaine du premier format.................   7   »
    id.   second   id.   5   »

Les photographies de S. Raphaël guérissant S. Roch, avec invocation, mêmes formats, mêmes prix. On peut demander la douzaine moitié-moitié.

On traite de gré à gré, pour l'ouvrage pris en nombre par MM. les Curés dont l'église est dédiée à S. Christophe, ou avec les personnes qui voudraient propager cet opuscule plein d'actualité et qui peut devenir une source de grâces signalées.

I. Vie de saint Christophe prise dans la Légende dorée.

Christophe était de la terre de Chanaan ; il avait une taille très-élevée, un aspect terrible, et il avait douze coudées de haut. Et on lit dans une histoire de sa vie, que lorsqu'il était auprès d'un roi du pays de Chanaan, il lui vint dans l'esprit d'aller servir le plus grand Roi que la renommée disait n'avoir aucun supérieur sur cette terre. Ce Roi, le voyant, l'accueillit avec joie et le fit demeurer à sa cour. Un jour, un jongleur vint chanter devant le Roi une chanson où il parlait souvent du diable. Et le Roi, qui était chrétien, toutes les fois qu'il entendait nommer le diable, faisait sur sa figure le signe de la croix : ce que voyant Christophe, il s'en étonna fort, et il lui en demanda la raison. Et le roi ne voulut pas la lui dire. Christophe lui dit : « Si vous ne voulez pas me répondre, je ne resterai pas plus longtemps avec vous. »

Et le Roi, ainsi contraint, lui répondit : « Toutes les fois que j'entends nommer le diable, je me munis ainsi du signe de la Croix, de peur qu'il ne me réduise en son pouvoir et qu'il ne me nuise. » Et Christophe répliqua : « Si vous craignez le diable et si vous prévoyez qu'il peut vous nuire, cela prouve qu'il est plus fort que vous. Je suis donc trompé dans mon attente, moi qui pensais avoir trouvé le Prince le plus puissant qu'il y ait au monde; mais je veux aller trouver ce diable pour me mettre à son service et le reconnaître pour mon maître. » Et il prit congé de ce Roi, et il se mit en quête du diable. Et comme il traversait un désert, il vit une grande foule de soldats, et à leur tête marchait un homme d'un air effroyable, qui lui demanda où il allait. Et Christophe lui répondit : « Je vais chercher le diable, afin de le reconnaître pour mon maître. » Et celui-ci lui répliqua : « Je suis celui que tu cherches. » Et Christophe fort content, s'engagea au service perpétuel du diable et le reconnut pour son maître. Et tous deux s'étant remis en route, ils rencontrèrent dans un carrefour une croix ; et aussitôt que le diable la vit, il prit la fuite, et il fit un grand détour à travers un pays très-difficile, avant de revenir sur la grande route. Et Christophe qui l'avait suivi, fut plein de surprise, et il lui demanda pourquoi il s'était écarté du droit chemin ; et, le diable ne voulant pas répondre, Christophe dit : « Si tu ne veux pas me dire ce que je te demande, je vais te quitter. » Et alors le diable lui dit : « C'est sur cette croix qu'est mort Jésus-Christ, et quand je la vois, je suis saisi de crainte et je prends la fuite. » Et Christophe lui répondit : « Ce Jésus-Christ dont la croix te cause tant de frayeur, est donc plus puissant que toi. J'ai donc travaillé en vain jusqu'ici, et je n'ai point encore trouvé le plus grand prince qu'il y ait au monde. Je vais te quitter et me mettre à la recherche de Jésus-Christ. »

Et après avoir longtemps cherché quelqu'un qui lui indiquât Jésus-Christ, il trouva enfin un hermite qui l'instruisit diligemment dans la foi. Et l'hermite lui dit : « Ce roi dont tu recherches le service t'imposera des obligations qui te forceront à observer le jeûne. » Christophe répliqua : « Qu'il me commande donc autre chose, car c'est ce que je ne veux point faire. » Et l'hermite ajouta : « Il voudra aussi que tu te livres à de fréquentes oraisons. » Et Christophe répliqua : « Je ne sais ce que c'est, et je ne veux point être assujetti à un semblable service. » Et l'hermite lui dit : « Ne connais-tu pas tel fleuve où périssent beaucoup de ceux qui essaient de le passer?»

Et Christophe dit : « Je le connais. » Et l'hermite lui dit : « Comme tu es grand de taille et robuste, si tu te tenais près du bord de ce fleuve, et si tu passais les voyageurs, tu ferais une chose fort agréable à Jésus-Christ que tu désires servir, et j'espère qu'il se manifestera à toi. » Et Christophe lui répondit: « Voilà un service auquel je puis me consacrer, et je te promets de faire ce que tu me dis-là. » Il alla donc près de ce fleuve, et il s'y construisit une demeure, et il se mit à passer sans relâche tous les voyageurs, s'étant muni d'un bâton avec lequel il se soutenait dans l'eau. Et bien des jours s'étant passés, comme il était à se reposer dans sa demeure, il entendit comme la voix d'un enfant qui l'appelait et qui disait : « Christophe, viens dehors et passe-moi. » Et Christophe sortit, mais il ne trouva personne ; et, rentrant dans sa demeure, il lui arriva la même chose une seconde fois. Appelé une troisième fois, il trouva un enfant au bord de l'eau, qui pria Christophe de lui faire passer la rivière. Et Christophe, ayant mis l'enfant sur ses épaules et s'étant muni de son bâton, entra dans l'eau. Et l'eau s'éleva peu à peu, et l'enfant pesait sur les épaules de Christophe d'une manière excessive et son poids augmentait toujours, de sorte que Christophe commença à avoir peur. Et quand enfin il eut passé la rivière et qu'il eut déposé l'enfant sur la rive, il lui dit : « Tu m'as mis dans un grand péril, enfant, et tu m'as surchargé d'un si grand poids, qu'il me semblait que si j'avais le monde entier sur mes épaules, je n'aurais pas eu un plus lourd fardeau. » Et l'enfant répondit : « Ne t'en étonne pas, Christophe, car non-seulement tu as eu sur tes épaules le monde entier, mais encore celui qui a créé le monde ; car je suis le Christ, celui pour lequel tu accomplis l'œuvre que tu as entreprise ; et afin que je te donne un témoignage de ma parole, plante ton bâton dans le sable, et demain tu verras qu'il s'est couvert de feuilles et de fleurs. » Et aussitôt il disparut. Christophe enfonça son bâton dans le sable, et le lendemain il le vit fleurir comme un palmier et couvert de dattes.

Il vint ensuite à Samos, ville de la Syrie ; et comme il ne parlait pas la langue du pays, il pria Dieu de lui faire la grâce de la parler. Et, comme il était en prière, les juges du lieu, le prenant pour un insensé, le laissèrent. Et Christophe vint à l'endroit où l'on tourmentait les chrétiens, et il les exhorta à avoir du courage. Et un des juges le frappa à la figure ? Christophe dit : « Si je n'étais pas chrétien, je tirerais prompte vengeance de cet outrage. » Et il enfonça son bâton en terre et il pria Dieu qu'il fleurît, afin de convertir le peuple. Et cela arriva tout de suite, et à la vue de ce miracle huit mille hommes se convertirent. Et le roi envoya deux cents soldats, avec ordre qu'on lui amenât Christophe. Et ceux-ci l'ayant trouvé en prière, craignirent de le saisir, et le roi en envoya encore autant. Et l'ayant aussi trouvé en prière, ils prièrent avec lui. Et Christophe se levant leur dit : « Qui cherchez-vous ? » Et ils répondirent : « Le roi nous a envoyés pour que nous t'amenions à lui garotté. » Et Christophe répliqua : « Si je ne le voulais pas, vous ne seriez jamais maîtres de moi. » Et ils dirent : Si tu ne le veux pas, va-t'en en liberté où tu voudras, et nous dirons au roi que nous ne t'avons pas trouvé. — Non, leur répliqua-t-il ; j'irai avec vous. Et il les convertit à la foi, et il leur dit de lui lier les mains derrière le dos, et il se fit mener au roi. Quand le roi le vit, il fut épouvanté, et il tomba de dessus son trône. Ses esclaves le relevèrent, et il interrogea Christophe, lui demandant son nom et sa patrie. Le saint lui répondit : « Avant que je fusse baptisé, on m'appelait réprouvé ; maintenant je me nomme Christophe. » Et le roi répondit : « Tu t'es donné un sot nom, en prenant celui du Christ qui a été crucifié, et qui n'a rien pu ni pour lui ni pour toi.

Méchant Chananéen, pourquoi ne sacrifies-tu pas à nos dieux? » Et Christophe répliqua : C'est avec raison qu'on t'appelle Dagnon ; tu es la mort du monde et le compagnon du diable. Tes dieux sont l'ouvrage de la main des hommes. » Le roi lui répartit : « Tu as été nourri au milieu des bêtes sauvages, et tu ne saurais dire que des choses inouïes pour les oreilles des hommes. Si tu veux sacrifier, tu peux attendre de moi de grands honneurs ; sinon, ne t'attends qu'à des supplices. » Et, sur le refus du saint, il le fit mettre en prison, et il fit couper la tête aux soldats qui avaient été envoyés pour arrêter Christophe. Il fit ensuite enfermer dans la même prison deux filles très-belles, dont l'une s'appelait Nicée et l'autre Aquilina, leur promettant de grandes récompenses si elles induisaient Christophe au péché. Et quand le saint les vit, il se mit aussitôt en oraison ; et comme elles venaient le cajoler et le caresser, il leur dit : « Que voulez-vous, et pourquoi avez-vous été introduites ici ? » Elles, effrayées de l'éclat de son visage, dirent : « Ayez pitié de nous, serviteur de Dieu, et nous croirons au Dieu que vous prêchez. » Le roi instruit de cela les fit venir et leur dit : « Vous avez été séduites, mais je jure que si vous ne sacrifiez aux dieux, vous périrez dans les tourments. » Elles répondirent : « Si tu veux que nous sacrifions, ordonne que le peuple entier se réunisse au temple. » Et quand ce fut fait, elles passèrent leur ceinture autour du cou des idôles et les firent tomber par terre et se briser, et elles dirent aux assistants : « Allez, et appelez des médecins, afin qu'ils guérissent vos dieux.» Alors le roi fit attacher Aquilina, et lui fit briser tous les os avec une grosse pierre ; et quand elle eut rendu son âme au Seigneur, sa sœur Nicée fut jetée dans un grand feu, dont elle sortit sans aucun mal, et alors elle fut décapitée. Ensuite le roi ordonna de battre Christophe de verges et de lui poser sur la tête un casque de fer rougi au feu. Il fit ensuite attacher Christophe sur un siége de fer ardent ; mais le siége fondit comme s'il eût été de cire, et Christophe n'en éprouva aucun mal. Alors le roi ordonna qu'il fût lié à un poteau, et il commanda à quatre cents soldats de le percer de leurs flèches ; mais les flèches restaient en l'air et aucune ne put le toucher. Et le roi, croyant qu'il était percé, se mit à le railler, et aussitôt une des flèches vint et lui creva l'œil. Et Christophe dit : « Ma carrière est presque finie ; demain, tyran, délaie de la terre avec mon sang et mets-la sur ton œil, et tu en recouvreras l'usage. » Le roi ordonna alors de lui trancher la tête ; ce qui fut fait. Et prenant du sang de Christophe, il le délaya avec de la terre et il le mit sur son œil, et il fut sur-le-champ guéri. Alors le roi crut, et il ordonna que ceux qui blasphémeraient Dieu ou saint Christophe seraient punis de mort.

II. — Légende de S. Christophe d'après les Bollandistes.

« Au nom de Jésus-Christ ! — En ce temps-là, sous le règne de Dagnon, vint en Lycie, dans la ville de Samos, un homme de la race des Chananéens. Le Seigneur se montra à lui pour qu'il fût baptisé du baptême que Jésus-Christ avait institué. Le Saint étant en prière à la porte de la ville, une femme en sortit pour aller sacrifier aux idoles ; mais elle frémit à sa vue et rentra promptement dans la cité en criant : « Venez voir » une merveille que personne de vous n'a encore contemplée : » un homme avec une tête de chien. » La foule accourt et voit le Saint agenouillé devant l'église ; il disait dans sa prière : « Seigneur Dieu, accordez-moi la grâce qu'ils croient par moi

» en votre saint nom. » Plantant en terre la verge de fer qu'il tenait à la main, il dit à haute voix : « Seigneur, mon Dieu, » faites que ma verge fleurisse, qu'elle porte des fleurs et des » rameaux fructueux, de même que vous avez changé l'eau en » vin aux noces de Cana, en Galilée ». A la vue de ce miracle, plusieurs crurent à sa doctrine et reçurent le baptême. Le roi Dagnon l'ayant appris, envoya deux cents soldats pour saisir ce chrétien audacieux. A la vue du géant ils craignirent d'approcher de lui et s'en retournèrent. Dagnon en envoya deux cents autres. Ceux-ci avancent, et le voyant immobile en oraison se mirent à invoquer Dieu avec lui ; leurs prières finies, ils font connaître au saint les ordres qu'ils avaient reçus. « Le roi Dagnon désire te voir, lui dirent-ils. — Si c'est sa volonté, répondit Christophe, j'irai, parce que je le veux ; car si ce n'était pas ma volonté, je n'irais pas ; cependant j'irai ». Le voilà en la présence de Dagnon. Au premier abord, le roi, effrayé de sa haute taille et de son aspect terrible, tomba de son tribunal (*de consistorio*) la face contre terre. Mais s'étant aussitôt relevé, il remonte sur son siége et commence par interroger le saint. « Qui es-tu ? D'où viens-tu ? Quel est ton nom ? lui demanda-t-il. — Dès ma naissance, répondit Christophe, je fus nommé Réprouvé (*Reprobus*); depuis mon baptême, je m'appelle Christophe. — Chien, mauvais conducteur (*canine et fax mala*), vociféra Dagnon, sacrifie aux dieux immortels ». Le saint confesseur refuse. « Tu es justement appelé Dagnon, car tu fais partie de la mort, étant lié au diable ton père (*quia tu autem et pars mortis et conjux patris tui diaboli*). Les dieux auxquels tu me dis de sacrifier sont de vains simulacres ; ils ont des oreilles, et n'entendent pas ; des yeux et ne voient pas. Ils sont incapables d'aider ceux qui les prient. Ces dieux n'ont pas fait le ciel et la terre, aussi sont-ils périssables ; et toi, qui les adores

*

comme un insensé, tu périras avec eux. Plût au ciel que tu
m'écoutes et que tu adores le Dieu qui a fait toute chose,
parce qu'il peut te délivrer de la damnation éternelle et te
remettre les péchés ». Au lieu d'écouter ces exhortations, ce
roi justement nommé insensé, disait dans son âme : « Comment pourrai-je vaincre la constance de cet homme nourri dès
son enfance parmi les bêtes féroces, si je n'invente pas de
cruels tourments ».

Pendant qu'il cherchait un nouveau genre de supplice, plusieurs soldats se présentèrent devant lui, et, jetant bas les
armes, déclarèrent croire eux aussi au Dieu de Christophe. Le
roi tâche de les détourner de ce dessein en leur faisant de bril-
lantes promesses. Ces offres séduisantes ne les tentent pas :
« Que ton argent et ton or périssent avec toi ; nous avons été
tous baptisés et nous croyons à la sainte Trinité. » Le roi,
enflammé de colère, les fit décapiter. Ainsi ils reçurent, grâce
à Christophe, la palme du martyre. Le roi, de plus en plus
irrité de voir que malgré les supplices le peuple embrassait la
religion de Jésus-Christ ; que cette vue au contraire les exci-
tait à demander le baptême, tourna sa rage contre saint Christophe. Mais avant de sévir, il voulut essayer une dernière fois
de le réduire par ses flatteries et ses caresses. Obligé de s'avouer
vaincu, il traite le Saint de fou et d'insensé, et décharge sur lui
toute sa colère et sa haine. Il le fit battre de verges, lui fit
mettre sur la tête un casque de fer chauffé à blanc ; le feu,
l'huile bouillante, les flèches sont inutilement employés pour
ébranler sa constance. Christophe, tranquille au milieu des
supplices, raillait la faiblesse des bourreaux et les défiait d'in-
venter une douleur plus forte que lui. Au milieu de ses angoisses, Dagnon ne cessait de l'injurier, et le Saint se contentait de
lui répondre : « Beaucoup d'autres croiront encore en Jésus-
Christ par mon intercession. »

Cependant l'heure de la délivrance approchait, le valeureux athlète le comprit. Dans son agonie, il entra en oraison et adressa à Dieu cette magnifique prière : « Seigneur, mon Dieu, qui après m'avoir arraché de l'erreur m'as appris la science de la foi, accorde-moi que partout où sera mon corps, les fidèles n'aient pas à souffrir des ravages de la grêle, ni de la foudre (*ab ira flammæ*), ni de la famine, ni de la peste. Si une ville ou un lieu quelconque sont en butte aux piéges du démon, qu'ils puissent en me priant être sauvés. » Se tournant alors vers le roi qui avait eu l'œil percé par une flèche pendant qu'il faisait infliger ce supplice au Saint, il lui dit : « Demain après ma mort, prends de cette boue faite par mon sang, mets-en sur l'œil et tu seras guéri. » Le roi voyant dans ses paroles un nouveau défi, le fit décapiter. Christophe fut ainsi introduit dans la gloire de Dieu le 25 juillet, selon la tradition de l'Eglise latine, qui fixe sa fête à ce jour-là. L'Eglise grecque la met au 9 mai. Elle est inscrite dans plusieurs martyrologes au 9 avril.

II. Légende de saint Christophe d'après un pieux américain. (Longfellow.)

Un protestant des Etats-Unis, c'est-à-dire un négateur de l'art chrétien appartenant au pays le moins poétique de la terre, n'a pourtant pu s'empêcher de manifester son admiration pour la légende de saint Christophe. Il dit lui-même que « saint *Christophe*, étant d'une stature et d'une force extraordinaires, erra longtemps par le monde avant de se convertir, cherchant le plus grand roi et ne voulant obéir qu'à lui seul. Après avoir servi différents maîtres qu'il abandonna tour à tour, parce que chacun finissait par reconnaître un maître plus grand que lui, il entendit parler du Christ, roi du ciel et de la terre, et il demanda à un saint hermite où il pourrait le trouver et comment il pourrait le servir.

« L'ermite lui dit qu'il fallait jeûner et prier ; mais le géant répliqua que s'il jeûnait il perdrait ses forces, et qu'il ne savait comment prier. Alors l'ermite lui dit de se fixer au bord d'un torrent dangereux, au passage duquel s'étaient noyés nombre de voyageurs, et de secourir tous ceux qui seraient en danger. Le géant obéit, et, ayant déraciné un palmier pour s'en servir comme de bâton, il prit son poste auprès du torrent et sauva la vie à beaucoup d'hommes.

» Et le Seigneur regarda du haut des cieux, et dit : « Voyez cet homme fort : il ne sait pas comment m'adorer, mais il a trouvé le moyen de me servir. » Et une nuit, le géant entendit la voix d'un enfant criant dans les ténèbres : « Christophe ! viens et porte-moi de l'autre côté du torrent ! »

» Et Christophe sortit de sa retraite et trouva l'enfant assis seul au bord de l'eau ; et, l'ayant pris sur ses épaules, il entra dans le courant.

» Alors le vent commença à rugir, et les flots s'élevèrent tout autour de lui, et son petit fardeau, qui d'abord lui avait semblé si léger, devint de plus en plus pesant à mesure qu'il avançait, fit ployer ses robustes épaules et mit sa vie en péril ; de sorte que, lorsqu'il eut atteint l'autre rive, le géant s'écria : « Qui donc es-tu, enfant, toi qui as pesé sur moi d'un poids tel que j'ai cru porter le monde entier sur mes épaules ? » Et le petit enfant répondit : « Tu as porté le monde entier sur tes épaules, et Celui qui créa le monde. Je suis le Christ, que tu as voulu servir par tes actes de charité. Je t'accepte, toi et tes services. Plante ton bâton dans la terre, et il fleurira et portera des fruits. » A ces mots, l'enfant disparut. »

IV. Culte de saint Christophe à Paris. Grande statue de Notre-Dame, Antoine des Essarts.

L'archéologie chrétienne se souvient que Notre-Dame de Paris a possédé jadis trois grands ex-voto : la statue de Philippe-le-Bel, le colosse de saint Christophe et le vœu de Louis XIII.

Nous allons parler d'un *ex-voto* plus étonnant encore que la statue de Philippe-le-Bel, d'un *ex-voto* gigantesque, d'un colosse de 28 pieds de haut, qui s'adossait comme une tour lui-même, *turris ipse*, contre le gros pilier de la tour de droite ; nos lecteurs ont déjà compris qu'il s'agit de *ce grand imaige* de saint Christophe « proverbial parmi les statues au même titre que la grand'salle du Palais parmi les salles, que la flèche de Strasbourg parmi les clochers. »

Donnons d'abord quelques notions sur ce saint éminemment secourable, éminemment populaire, dont le culte était établi dans toutes les églises d'Orient et d'Occident, et que pourtant certains critiques du dernier siècle, au dire de Moréri, regardaient comme un être idéal, un personnage imaginaire, un mythe.

On représente saint Christophe sous la figure d'un géant qui porte sur ses épaules l'enfant Jésus, et qui tient à la main un grand arbre pour bâton.

D'après une croyance généralement répandue au moyen-âge, on ne pouvait mourir subitement ni par accident pendant la journée, si l'on avait *vu* une image de saint Christophe. *Christophorum videas*, disait un vers léonin passé en adage, *postea tutus eas* : Regarde saint Christophe, et puis va-t-en tranquille.

Une figure du même saint existait autrefois dans le Trésor de la Sainte-Chapelle ; elle était d'argent, du poids de 5 marcs 1 once 2 gros, et sur le piédestal, que supportaient des lions accroupis, on lisait ces deux vers latins rimés, exprimant la même idée que plus haut :

Christophori sancti faciem quicumque tuetur ,
Illo nempe die nullo languore tenetur.

Or, disent quelques écrivains , pour que la bienfaisante et miraculeuse statue fût aperçue du plus loin et par le plus de fidèles possible, on lui donnait une hauteur prodigieuse. On la plaçait par la même raison aux porches des cathédrales ou à l'entrée des églises, ce qui rappelle le fameux serpent d'airain, figure biblique dans laquelle les Pères ont vu l'étendard du Calvaire. Baillet croit de plus que notre saint avait été un homme de grande taille : il en juge par le nombre considérable de ses reliques répandues dans toute la chrétienté. Ce qui suit est de M. A. Eyssette :

Paris avait une église dédiée à saint Christophe ; elle était située dans la Cité, près la rue qui en porte encore le nom. C'était anciennement l'oratoire d'Archambaud, maire du palais sous Clovis II. Ce grand officier de la couronne, qui, selon Fauchet, *fut affectionné à l'endroit des ecclésiastiques et des prêtres,* fit donation de sa chapelle à Notre-Dame. Elle fut érigée en paroisse l'an 1390. En 1494, on entreprit de la rebâtir ; les travaux de reconstruction durèrent seize ans. On l'a démolie en 1747, à ce qu'il paraît, pour cause de vétusté.

Si la statue colossale dont nous avons à parler ne fut pas érigée dans l'église de Saint-Christophe, c'est qu'elle n'y eût pas été exposée, qu'on nous permette cette expression, sur un assez grand théâtre ; il fallait l'immense vaisseau de Notre-Dame pour donner à l'*ex-voto* monumental un milieu où il fût à l'aise, où il eût ses franches coudées, un milieu en rapport avec ses vastes proportions, un milieu enfin où il trouvât, parmi cette foule incessante de clercs et de barons, de grands et de petits, de citadins et d'étrangers, qui se pressait sous les voûtes de la basilique, la publicité, la notoriété que voulait donner à l'accomplissement de son vœu messire Antoine des Essarts.

Il y a là toute une histoire.

Sous le règne de Charles VI, Jean sans-Peur, duc de Bourgogne, chef de l'une des factions qui déchiraient la France, souleva contre la faction contraire, celle des d'Orléans, la populace de Paris. Bientôt il ne put maîtriser le mouvement vertigineux que l'Université elle-même, sa docte alliée, avait imprudemment accéléré. Le pouvoir tomba aux mains de la corporation des bouchers, qui exerça dans la ville une effroyable dictature. Force fut au duc de marcher, les pieds dans la boue et dans le sang, à la suite des *Ecorcheurs* : c'est ainsi que s'appelèrent les terroristes de 1413.

Pierre des Essarts, ex-prévôt de Paris, et son frère Antoine, chambellan du roi, avaient été enfermés dans la tour du Louvre, ainsi qu'un nombre considérable d'hommes éminents plus ou moins compromis, plus ou moins suspects. Pierre des Essarts avait à se reprocher le meurtre juridique de Jean de Montagu, surintendant des finances, après un simulacre de jugement, par une commission dont lui des Essarts était président. Mais il s'agissait bien d'"autre chose ! On voyait en lui un transfuge, un traître, qui d'un camp avait passé à l'autre : que fallait-il de plus ? On l'accusait bien de malversation, mais c'était uniquement pour la forme, car le déficit qu'on lui imputait provenait d'avances faites à Jean-sans-Peur et constatées par des reçus que l'ex-prévôt déclarait avoir en lieu sûr.

Une commission composée de scélérats et de poltrons, de poltrons surtout, plus dangereux dans les crises révolutionnaires que les scélérats mêmes, avait été instituée par les bouchers, pour conserver aux assassinats une apparence de justice et de légalité. Elle était en permanence et n'acquittait personne. Pierre des Essarts ne sortit de sa prison que pour faire une halte de quelques instants devant le tribunal homicide, d'où il fut traîné sur la claie jusqu'en place de Grève ; il y reçut la mort avec une noble fermeté. Sa tête fut mise au bout d'une pique, et son corps, transporté à Montfaucon, alla rejoindre le squelette de Montagu, qui s'y balançait au souffle du vent.

Cependant les Bourguignons trouvaient que la commission n'allait pas assez vite en besogne. Une troupe de cannibales voulut inspecter les prisons : Jacqueville, l'un d'eux, ayant aperçu le chevalier de La Rivière, l'apostropha grossièrement : un démenti fut la réponse. Sur quoi, le digne *écorcheur*, sans avoir fait décréter que le chevalier était un bœuf, l'assomma d'un coup de massue. Le cadavre de La Rivière n'en fut pas moins porté en Grève le lendemain : on décapita pêle-mêle les vivants et le mort.

On peut comprendre dans quelles angoisses se trouvait Antoine des Essarts, dont le crime était d'avoir suivi les évolutions politiques de son frère et qui n'avait pas moins à redouter de ses implacables ennemis. Il s'attendait, d'un moment à l'autre, à être égorgé dans son cachot où à comparaître devant le tribunal de sang, ce qui pour lui revenait au même. Or, une nuit, il était étendu sur son grabat, en proie à une violente agitation ; il avait compté à l'horloge une heure, puis deux, puis trois, lorsque sa tête congestionnée s'appesantit, ses paupières se fermèrent, il dormit.... ce ne fut qu'un moment, mais assez pour faire un rêve.

Il lui semblait que quelque chose d'extraordinaire se passait à la porte de sa prison. Les arcs-boutants se soulevaient, les verroux criaient, les panneaux de chène craquaient sous un effort extérieur, puis volaient en éclats avec les serrures brisées, les gonds arrachés, les pieds-droits du mur démolis : on eût dit une effraction faite à coups de bélier. Le cachot fut inondé d'une vive lumière. Des Essarts regarde et voit se dresser devant lui le grand saint Christophe tout rayonnant de gloire, c'était lui qui venait de forcer l'entrée, d'abattre les barrières, de tordre en se jouant les barres de fer. « Viens avec moi », lui dit alors ce libérateur imprévu ; et en même temps il le saisit dans ses bras et l'emporte à travers les longs corridors, les gardes, les sentinelles. A cet instant, des Essarts crut sentir sur son visage l'impression de l'air humide de la Seine ; il s'éveilla. Hélas ! il n'avait pas changé de place.

Le jour vint. L'infortuné était encore plongé tout entier dans ses réflexions, lorsque la porte s'ouvrit réellement. Le geôlier parut ; il venait l'avertir que son tour était arrivé, c'est-à-dire que la charrette qui devait le transporter au lieu où siégeait la commission l'attendait dans la cour du Louvre. Des Essarts partit en nombreuse compagnie ; il comparut devant les juges ; balbutia pour défense quelques mots qu'on n'entendit pas, et fut absous. Quoi de surprenant ? N'avait-il pas vu le matin même la face de saint Christophe ?

La tyrannie des *écorcheurs* excita bientôt un soulèvement général de l'opinion ; les brigands se trouvèrent seuls, se comptèrent et eurent peur. L'autorité régulière reprit son empire ; les prisons furent ouvertes ; les fugitifs revinrent dans leurs foyers. Des Essarts, rentré en fonctions auprès du roi, n'oublia pas le céleste protecteur auquel il devait la vie ; et pour témoigner sa reconnaissance par un *ex-voto* digne à la fois et du saint et du service rendu, il fit élever dans Notre-Dame l'énorme statue destinée à transmettre aux générations futures le souvenir d'un éclatant miracle : elle fut mise, à ce qu'on croit, dit un auteur, à la place d'un *Mercure,* qui avait reçu sans doute l'hospitalité dans la basilique chrétienne par une de ces méprises très-communes au moyen-âge. De plus et sous le pilier qui faisait face au colosse, on voyait l'effigie d'un guerrier armé de toutes pièces, à genoux et les mains jointes, avec cette inscription en caractères gothiques : *C'est la représentation du noble homme Antoine des Essarts, chevalier, jadis Seigneur de Thieux et de Glatigny au val de Galie, conseiller et chambellan du roi notre sire Charles VIe de ce nom, lequel chevalier fit faire ce grand immage en l'honneur et remembrance de Monsieur saint Christophe, en l'an* MCCCCXIII. *Priez Dieu pour son âme.*

Il résulterait de ces derniers termes que l'inscription fut ajoutée après la mort de des Essarts, à moins qu'il ne l'eût fait graver lui-même par anticipation, à la manière des anciens : *Sibi viventi posuit.*

L'abbé Velly consacre dans son *Histoire de France* quelques lignes assez curieuses à l'évènement dont nous venons de parler. Après avoir rapporté avec détail l'exécution capitale de l'ex-prévôt : « Il s'en fallut de peu, ajoute-t-il, qu'Antoine des Essarts n'éprouvât le même sort ; les ennemis qui avaient fait mourir son frère étaient si puisssants, qu'il dut regarder comme une faveur inespérée du Ciel le bonheur d'avoir conjuré l'orage. C'est lui qui fit ériger cette statue colossale de saint Christophe, dont l'immense volume défigure encore de nos jours la nef de la cathédrale de Paris. A côté de ce monument gigantesque on voit la représentation du fondateur ornée d'une inscription. Si ce fut en action de grâces de sa délivrance, on peut juger de l'excès de sa frayeur par l'énormité de l'*ex-voto*. »

On aura sans doute remarqué dans ce passage le jugement peu favorable que porte l'écrivain sur le mérite artistique de *cette statue colossale, qui par son immense volume défigurait encore la nef de la Cathédrale.* Cela ne doit pas nous étonner. Dans les derniers siècles, l'art chrétien était complétement méconnu ; on n'estimait, on n'admirait que les œuvres de l'antiquité païenne ou de la Renaissance ; on n'avait d'encens que pour le Jupiter Olympien , l'Hercule Farnèse, l'Apollon du Belvédère. Le paganisme envahissait tout : poésie , éloquence , morale , philosophie , architecture , peinture , sculpture , tout était païen ; les vases sacrés eux-mêmes se couvraient d'emblèmes mythologiques , et l'on montrait, dans le trésor de Notre-Dame , un calice qui représentait Persée délivrant Andromède du monstre marin auquel elle était exposée , plus dans le fond, Neptune avec son trident, accompagné de Tritons et de Néréïdes !... L'on conçoit que le saint Christophe devait trouver peu d'appréciateurs ; on ne passait plus devant lui sans hausser les épaules de pitié : il déparait. il dégradait, il *défigurait* comme dit Velly, le vaisseau de l'église. Un beau jour on le fait disparaître, lui et son pieux acolyte. Ce fut en 1786 que s'accomplit, au nom du bon goût, un acte de vandalisme qui se serait accompli sept ans plus tard au nom de la liberté.

Nous avons demandé le rétablissement de la statue équèstre de Philippe-le-Bel ; nous demandons encore la *restitution* du Saint-Christophe et de son chevalier. L'*ex-voto* de 1413 faisait si bien partie intégrante de Notre-Dame, s'était si bien incorporé à l'édifice, que *pas un écrivain* n'a parlé de l'auguste basilique sans mentionner son colosse. Il n'y a pas de Notre-Dame sans saint Christophe : le saint Christophe est au pied de la tour ce que le gros bourdon est au sommet : un appendice historique, nécessaire et consubstantiel.

Ce saint éminemment secourable, éminemment populaire, dont le culte est établi dans toutes les églises d'Orient et d'Occident, mérite que nous rallumions la dévotion en son honneur, si nous voulons échapper aux calamités qui nous menacent tous et aux malheurs que nous avons à redouter individuellement. Pourquoi, imitant la ferveur des anciens chrétiens n'honorerions-nous pas d'un regard fervent, chaque matin, une image de saint Christophe, pour obtenir de précieuses garanties de salut temporel ? N'est-ce pas beaucoup gagner avec un regard ?

V. Culte de S. Christophe dans nos provinces.

Il n'est pas une de nos anciennes provinces qui ne puisse offrir à l'archéologue chrétien des traces du culte, autrefois si populaire, de saint Christophe.

Millin a commis une erreur assez grave et qui prouve qu'*il faut voir avant de parler des monuments*. Cette erreur consiste à prétendre que toutes les statues de saint Christophe, qui se trouvaient autrefois à l'extérieur ou à l'intérieur de nos églises, auraient été détruites à l'époque de la Révolution.

Heureusement le vandalisme n'a pas été poussé si loin, et la Picardie suffit pour le prouver.

Tout le monde connaît le miracle en mémoire duquel les peintres et les sculpteurs ont coutume de représenter saint Christophe portant le Christ enfant sur ses larges épaules, et semblant ne marcher qu'avec peine, quoiqu'il ait pour s'appuyer un long bâton ou plus souvent *un arbre garni de tous ses rameaux*, pour rappeler que ce bâton, fiché dans le sable après l'apparition de l'Enfant Jésus, fut trouvé le lendemain fleuri comme un palmier et couvert de dattes. On assure qu'un saint Christophe avait été peint en grisaille sur le mur du transept gauche de la cathédrale d'Amiens. Il est regrettable que cette peinture ait été effacée dans le siècle dernier, lors des prétendus embellissements qu'on fit subir, sous M. de Lamotte, à cette magnifique basilique.

La cathédrale d'Amiens a conservé deux statues du grand saint Christophe : l'une, de près de quatre mètres de hauteur, se voit à droite du portail dit de *Saint-Christophe ;* et l'autre, de moindre hauteur, orne encore actuellement l'autel de la chapelle sous l'invocation de ce saint.

Dans l'église de l'ancienne abbaye de Saint-Riquier, tout près de l'orgue, existe également une statue de saint Christophe, très-bien conservée. On voit encore les restes d'une autre statue fort reconnaissable du même saint, à droite du portail de la jolie chapelle du Saint-Esprit à Rue.

M. H. Duseyel écrivait les lignes suivantes, en 1860, dans la *Revue Picarde :*

« Plusieurs autres figures du colossal saint Christophe, telles que celles des églises d'Oisemont, de Conty, etc., se trouvent au reste mentionnées pareillement dans mes *Etudes sur l'Iconographie monumentale et historique de l'ancienne Picardie*, que je compte publier un jour, sous les bienveillants auspices d'un illustre savant de la capitale. J'ai pris soin d'insérer dans mes *Etudes* toutes les pieuses légendes, toutes les traditions anciennes auxquelles on attribuait jadis dans notre province, comme à Paris, l'érection de la plupart des statues du grand saint. »

Les études qui auraient pour objet des recherches dans

chacune de nos provinces , les traces du culte de saint Christophe , promettent au pieux archéologue qui les poursuivra , d'heureuses et abondantes découvertes. Nous continuerons nos investigations . nous même, si Dieu nous prête vie.

Les statues de saint Christophe sont toujours gigantesques en fait ou en proportions, absolument ou relativement. Le saint avait une haute stature, et les légendes vont jusqu'à en faire un géant d'une taille de douze coudées. Mais cette exagération populaire a été causée par les grandes dimensions des images des saints, et ces figures n'étaient elles-mêmes si hautes que pour que la foule entière vit la figure de ce bon saint, et que chacun pût jouir du privilège, qui lui est spécial, de préserver de toute fin malheureuse durant le jour où on l'a vu. Pour donner une idée de la confiance que nos aïeux témoignaient à ce protecteur si généreux, voyons les monuments de son culte que le temps, le jansénisme et la révolution n'ont pas détruits dans un diocèse de France. Voyons le diocèse d'Evreux : les documents qu'il va nous fournir donneront à nos lecteurs une idée de ce que possédaient en ce genre les autres diocèses de France.

Bâtie pour une paroisse populeuse, Saint-Antonin d'Epaignes est l'une des plus vastes églises rurales de l'évêché d'Evreux. La principale curiosité de cette église est la statue de saint Christophe, placée au coin du collatéral qui élargit l'église au nord. On a donné au saint toute la hauteur que l'église comportait, puisque sa tête touche à la voûte. Nous le répétons : le véritable motif de ces proportions énormes était la croyance si universellement répandue, que celui qui avait vu saint Christophe, était pendant le reste du jour à l'abri du péril. Comme la justice humaine est sujette à se tromper, on invoquait aussi saint Christophe contre les faux témoins, l'une des causes les plus redoutables des erreurs judiciaires.

Ce protecteur des gens menacés de danger avait autrefois bon nombre de statues dans le diocèse d'Evreux. Voici ce qu'en dit M. R. Bordeux. (*L'Eglise d'Epaignes et sa statue de saint Christophe*, 8 p., Evreux, Hérissey, imp.)

« Les statues de saint Christophe sont devenues rares. Dans le département de l'Eure, nous en connaissons trois qui méritent d'être signalées : l'une dans l'église des Baux-de-Breteuil; l'autre dans celle de Coutres, et la troisième à Notre-Dame-de-Verneuil. Le saint Christophe de Verneuil est fort beau comme sculpture; mais on a eu le tort de le reléguer près de la porte du chœur, sur l'emplacement d'un des autels latéraux, au lieu de le laisser à la place traditionnelle qu'il occupait depuis plusieurs siècles contre le pilier au bas de la nef. Quoique l'énorme saint Christophe que l'on voyait autrefois en entrant dans l'église du Grand-Andely ait été détruit à la Révolution, il convient de le mentionner aussi, parce que sa base, très-curieuse par ses détails, a été conservée. Un autre saint Christophe colossal est peint sur la muraille, près des fonds baptismaux, dans l'église Notre-Dame de Louviers.

La statue de saint Christophe, qui se trouvait devant la cathédrale d'Auxerre, avait vingt-neuf pieds. Le chapitre, aussi mal inspiré que celui de Notre-Dame de Paris, la fit disparaître en 1788. La cathédrale d'Amiens conserva celle qui ornait son entrée. A Saint-Saturnin de Toulouse, on voit incrusté dans un des piliers du transept, en face de la chapelle du Crucifix, le saint Christophe que possédait cette insigne basilique. Deux pieds du saint font saillie en dehors. Ces pieds en marbre, se rattachaient à une peinture murale qui représentaient saint Christophe. Cette peinture était, comme objet d'art et comme singularité, digne d'être conservée; elle disparut en 1804 ou 1805. Dans le triomphe du Christ de l'église de Brou, il est peint portant l'Enfant-Dieu sur ses épaules.

On ne sait trop pourquoi notre martyr se trouve représenté parfois, comme à Strasbourg, sous des traits hideux, tête de chien ou de loup. M. Didron en a rencontré en Grèce un exemple dans une peinture. La légende orientale a donné naissance à ce mode de réprésentation ou, pensons-nous, se cache un symbole demeuré inexpliqué.

Trèves, diocése de Lyon, eut avant 89 sa statue de saint Christophe. M. Chavanne, curé de cette paroisse, a rétabli l'image vénérée. A Néronde (Loire) l'église possède une bonne statue du saint martyr, par Foyatier.

«Les forts de la halle, les portefaix, les foulons avaient en ce saint un modèle de patience, de force, de charité et de mansuétude; aussi marchaient-ils sous sa bannière. Les méreaux de ces corporations ne sont pas dans la collection ; mais elle possède ceux de la corporation des fruitiers, qui l'avaient eux aussi pour patron. Ils le priaient sans doute de bénir leurs travaux et de les faire fructifier, de même que Dieu avait béni les siens en faisant porter des feuilles et des fruits à son bâton, compagnon de toutes ses peines. Ces plombs, dessinés dans l'ouvrage de M. Forgeais, représentent saint Christophe passant le torrent, portant Jésus-Christ sur ses épaules, et guidant sa marche au moyen d'un grand palmier qui est le plus souvent fleuri. On voit sur quelques-uns de ces plombs un ermite agenouillé dans un coin, une lanterne à la main, dont les rayons de lumière sont dirigés sur le passeur. Ce moine est mis là pour représenter l'ermite qui convertit le réprouvé; la lumière qu'il tient signifie les clartés de l'enseignement de l'Eglise, qui servent à guider les fidèles et à les empêcher de s'égarer en traversant la mer orageuse de ce monde. La même collection possède une petite statuette en plomb très-fruste, mais très expressive. Jésus-Christ enfant assis sur l'épaule du géant l'accable du poids de son immensité ; le colosse s'appuie lourdement sur son bâton ; ses jambes enfoncées dans l'eau sont sur le point de fléchir ; le visage est décomposé par l'angoisse ; les flots courroucés montent, montent ; Christophe a peur d'être submergé. Au sujet de la manière dont est posé Jésus-Christ sur les épaules de saint Christophe, nous devons dire qu'elle n'est pas toujours la même. Le plus souvent les deux jambes du divin Enfant' passées une de chaque côté du cou retombent sur la poitrine du saint. Mais sur plusieurs images, et notamment sur celles qui nous viennent des Grecs, Jésus-Christ est posé à cheval sur une seule épaule, une jambe passée au-devant sur la poitrine l'autre derrière, retombant sur l'épaule. Le P. Cahier, qui donne un exemple de cette posture, fait remarquer que les femmes de ce pays portent leurs enfants ainsi. » (Pessemesse.)

VI. Vie de saint Christophe, prise dans le chemin du désert.

Saint Christophe était chananéen de nation. Ayant embrassé le christianisme , il quitta son pays, en l'an 253, pour aller annoncer l'Evangile dans la Lycie, province de l'Asie-Mineure. L'empereur Dèce exerçait alors une sanglante persécution contre les chrétiens. Les dangers n'effrayèrent pas le zélé propagateur de la foi : il finit par être arrêté. On le jeta dans les fers, on le livra plusieurs jours de suite à d'affreuses tortures : il lassa la férocité des bourreaux ; et comme sa contenance inébranlable convertissait une multitude d'infidèles, le tyran lui fit trancher la tête pour mettre fin à un spectacle dangereux. C'est le 9 mai que les Grecs célèbrent la fête de saint Christophe ; mais dans toutes les églises latines, c'est le 25 juillet, auquel jour de l'an 254 on croit communément qu'il reçut la palme du martyre. Ajoutons toutefois, pour être exact, qu'à Valence, en Espagne, la fête a été anticipée de 15 jours, et voici pourquoi. Pendant que saint Vincent Ferrier prêchait Jésus-Christ ressuscité à la population israélite de cette ville, saint Christophe apparut, dit-on, et plus d'une fois à un grand nombre de Juifs, — ils le déclarèrent eux-mêmes, — pour les presser d'abandonner la loi de Moïse. L'intervention surnaturelle du saint détermina une conversion générale ; la synagogue devint un temple chrétien que l'on plaça sous l'invocation de celui qui avait pris une part si active au triomphe de la croix ; et, comme on dédia cette nouvelle église le 10 juillet, on solennisa dès lors la fête du glorieux patron le même jour que celle de la dédicace.

Aujourd'hui les savants croient unanimement que saint Christophe a réellement existé, ce que démontre le consentement des Eglises grecque et latine, de même que le culte rendu partout à ses reliques. Quant au nom du saint, outre la belle légende qui l'explique, on peut dire à ceux que le merveilleux ne satisfait pas, que cet apôtre fut appelé ou voulut s'appeler *Christophore*, parce qu'étant allé prêcher l'évangile en Lycie, il y avait *porté* ou apporté la parole du *Christ* ; ou, à un autre point de vue, parce qu'il *portait* l'amour du *Christ* dans son cœur : c'est dans ce dernier sens que saint Ignace d'Antioche se donna le nom de *Théophore (porte-Dieu)*. Quoi qu'il en soit, le nom de saint Christophe présentera toujours à l'esprit, par une sorte de langage icono-graphique, la figure d'un géant portant l'Enfant Jésus sur ses épaules.... L'Atlas de la mythologie est plié en deux, comme un crocheteur, sous un énorme globe terrestre qui l'ombrage et couvre tout entier : saint Christophe porte sur ses épaules, ou, pour mieux dire, sur une épaule, quelquefois même au bras, un petit enfant, aux cheveux bouclés, aux beaux yeux, à la bouche souriante ; et sous le poids de cet enfant si tendre, si frêle, le géant visiblement affaissé s'appuie avec effort sur un arbre garni de tous ses rameaux, qui lui sert de bâton pour marcher : *pinus vestigia firmat*. C'est là une des plus sublimes conceptions de l'art chrétien que bien des gens dédaignent, parce qu'ils n'en connaissent pas la poésie, l'originalité, la fraîcheur.

VII. Prière à saint Christophe en forme d'élévation.

Bienheureux saint Christophe, vous êtes né dans cette terre où une femme Chananéenne obtint du Seigneur la guérison de sa fille ; touché de la même grâce, vous vous êtes soumis au joug aimable de Jésus-Christ ; votre cœur a brûlé d'un feu divin, et votre corps n'a pu être atteint du feu matériel ; ce cœur percé d'un trait de l'amour divin, a été invulnérable aux flèches des ennemis du Seigneur ; hélas ! le mien est faible pour résister aux efforts du monde, il n'est dur qu'aux impressions de la bonté de mon Dieu; cependant mon âme est avide de connaître le secret de vos pensées ; elle voudrait savoir par quelles armes vous avez remporté de si grandes victoires ; écoutez mes paroles, recevez la prière que je vous fais ; que les objets qui me portent au péché s'éloignent de moi ; qu'il me soit permis, après de longs jours, de rassembler mes forces pour m'entretenir avec Dieu, sans m'en distraire jamais. Soyez mon gardien et mon conducteur, faites-moi marcher en la présence du Seigneur, qu'il se ressouvienne qu'il est mort pour moi et que je suis le fruit de ses souffrances, que je suis la conquête de son amour; le prix est offert, le Seigneur n'a pas besoin de nouvelles richesses pour me racheter ; suppliez sa bonté afin qu'il m'attire après lui : il peut me combler de ses grâces et les répandre sur moi avec abondance, sans que les trésors de sa miséricorde en diminuent ; au contraire le Seigneur en deviendra plus riche : ô sentiment ! qui remplit mon âme d'allégresse, je puis enrichir le Seigneur ; oui, il s'enrichira de tous les biens qu'il répandra sur moi. O Mystère ineffable ! mon âme demeure abîmée dans ce prodige de l'amour de mon Dieu ; il ne lui reste plus de paroles pour exprimer sa joie et sa reconnaissance; saint Christophe mon Patron , ô Bienheureux Martyr ! prenez-moi sous votre protection ; que mon salut soit entre vos mains , vous en deviendrez aussi plus riche, vous ajouterez une fleur à votre couronne. Ainsi soit-il.

VIII. Saint Christophe d'après saint Ambroise.

La prière suivante est très-ancienne, puisqu'elle est tirée du missel de saint Ambroise. On la donne ici d'après une vieille édition des *Fleurs des vies des saints* du jésuite Ribadeneira, édition meilleure que les plus récentes, dites à tort *corrigées*, parce qu'elles sont mises en meilleur français et appauvries en fait de légendes merveilleuses :

« Saint Ambroise fait mention de saint Christophe, et, dans la Préface de la messe qu'il met pour la fête de ce glorieux martyr, il dit ces mots, qui sont comme le sommaire de toute sa vie : « Seigneur, vous comblâtes tellement Christophe de vertus et de grâces, que par sa divine doctrine et ses miracles, il convertit quarante-huit mille personnes. Il ramena à la chasteté Anicée et Aquilina, pécheresses dépravées, qui languissaient depuis longtemps dans la fange de leur péché, leur enseignant à confesser votre foi et à recevoir, en mourant pour elle, la couronne du martyre. De plus, étant jeté au feu et lié sur un banc de fer, il ne redouta point l'ardeur des flammes et ne put être atteint des flèches que les soldats lui tirèrent pendant un jour entier, l'une desquelles creva l'œil de l'un de ses bourreaux ; mais le sang du bienheureux martyr detrempé dans la terre, lui rendit la vue et dissipant cet aveuglement du corps, illumina aussi l âme. Il obtint aussi la grâce de guérir les maladies et les infirmités par son intercession. » Voilà ce qu'en dit saint Ambroise. L'Eglise célèbre la fête de saint Christophe le jour qu'il fut martyrisé, le vingt-cinquième jour de juillet, l'an de grâce 244, sous l'empire de Décius, comme disent le Martyrologe romain et le cardinal Baronius.

Iconographie de S. Christophe.

M. L.-J. Guénebault, dans son *Dictionnaire iconographique*, consacre l'article suivant à notre Saint.

« S. Christophe, IIIe siècle. Sa fête au 25 juillet.

Représenté portant l'enfant Jésus, et tenant un bâton terminé par une fleur (I). Dans l'eau une espèce de tête.

Tableau de Simon Memmi (XIIIe siècle). Voir la 2e figure de

(1) C'est sans doute cette *fleur* dite *fleur de saint Christophe,* citée à la note 3 de la page 10 du mémoire du P. Arth. Martin, tome Ier des *Mélanges d'archéologie,* etc. Voir la *Légende.*

la 2ᵉ bande d'une planche reproduite sous le nᵒ 22, dans la suite des *Peintres primitifs* (collection de M. Artaud), publiée par Chalamel, 1 vol. in-4ᵒ. Paris, et dans notre *Iconographia sancta*, citée ci-dessus.

Le même, portant l'enfant Jésus, *Guido Reni invenit et sculpsit*. Voir l'œuvre de ce peintre.

Autre gravé par Albert Durer. Voir son œuvre et la collection de gravures de la bibliothèque Mazarine, nᵒ 4778 (38), fol. 89 ou 99.

Autre, mêmes collections et fol., gravé par Egidius Sadeler, d'après le Bassau.

Le même, jolie gravure de J. Valdor. Voir son œuvre.

Voir aussi notre *Iconographia sancta*, bibliothèque Mazarine, nᵒ 4778 (G), et la grande collection des saints du cabinet des estampes à Paris, tom. IV, fol. 53, 54, 55, et dont une d'Albert Durer.

Figure colossale. Peinture sur verre à la cathédrale de Strasbourg, au transept méridional. Ce vitrail est attribué au XIIᵉ siècle (1). Voir l'ouvrage indiqué ci-dessous, et les Monographies de cette église.

La statue colossale de ce saint, telle qu'elle existait avant 1789 dans l'église cathédrale ou Notre-Dame de Paris, est gravée dans une ancienne vue de cette église, qui se trouve dans la *Topographie de Paris*, au cabinet des Estampes, près la bibliothèque dite de Richelieu, à Paris, et dans notre *Topographie* de cette ville, bibliothèque Mazarine, nᵒ 4778 (T).

____

(1) Cette figure est regardée par le P. Martin, comme la plus ancienne qu'il connaisse de ce saint. Elle est également citée, page 36, note 2. *Essai sur les vitraux de la cathédrale de Strasbourg*, par l'abbé Guerrier, professeur d'archéologie au Séminaire. Strasbourg 1848.

Autres, désignées dans notre *Dictionnaire iconographique des monuments,* etc., et dans les suppléments de ce Dictionnaire.

On trouve une figure du même saint, assez curieuse, reproduite d'après une peinture murale du xvᵉ siècle environ, en Angleterre, dans le IIIᵉ volume de *The Journal of the britisch archeological Association,* etc. Voir la planche de la page 85. Le saint traverse la mer, où l'on voit trois vaisseaux et des poissons, le martyre de saint Sébastien, sur le rivage, à main droite ; un homme qui pêche à la ligne, à main gauche, et quelques autres détails.

Représenté sur le collier de la confrérie de saint Christophe, en 1480, fondée par le comte Guillaume de Henneberg.

Il est publié dans l'ouvrage d'Hideloff de Nuremberg, les *Ornements du moyen-âge,* in-4°, ixᵉ partie ou livraison (Année 1844), planche 6, figure *D*, page 31.

Figures gravées par d'anciens maîtres du xvᵉ siècle,

L'une, portant pour signature la marque : Voir la planche du folio 94, d'un volume in-folio. *Vieux Maîtres* (t. 4 à 55), au cabinet des Estampes, à Paris.

L'autre, pièce capitale d'Alber Durer, portant la date de 1535. Voir la planche du fol. 34, t. Iᵉʳ de ses œuvres (C. A. 5.)

Autre, du même, fol. 117 (même collection.)

Le même saint en pied, gravé par H. Nusser, d'après Hemmeling, et publié sous le n° 2 de la Vᵉ série des images de Dusseldorff (1846). A Paris, chez Jacques Lecoffre, libraire.

Voir aussi notre *Iconographia sancta,* bibliothèque Mazarine, n° 4778 (G).

On y voit la Légende de l'enfant Jésus porté par le saint.

Représenté tenant au bras comme une espèce de meule de moulin. *Montcornet fecit.* Voir notre *Iconographia,* etc.

A Bâle, en Suisse, est une haute tour, servant de porte fortifiée à la ville ; dans une niche est une statue dite de saint Christophe qui, contre l'usage ordinaire, représente le saint en guerrier. Cette statue est publiée dans l'*Univers pittoresque* des frères Didot. *Suisse*, in-8º, Voir la liste des planches.

Autre figure du même saint d'après une curieuse peinture murale de la cathédrale de Séville, xvᵉ siècle environ. *Espagne monumentale,* chez Hauser, à Paris.

Voir Séville et les planches de cette localité.

Le même saint est aussi représenté sur le bas-relief du dessus de la porte de la chapelle du château d'Amboise, publié par Muller, *Picturesque schete of the oge Francis Iᵉʳ*, in-folio, planche XIX. Ici le saint est à genoux entre deux montagnes, et non dans la mer, comme le dit la Légende. Il semble tomber à genoux sous le poids du Christ qui l'écrase, et à qui il adresse la parole.

X.— Culte, reliques de S. Christophe.— Hymnes et prières liturgiques en son honneur.

Saint Christophe est inscrit dans les plus anciens martyrologes; particulièrement dans celui qui est attribué à saint Jérôme. Il fut baptisé par saint Babylas, évêque d'Antioche, et reçut la palme du martyre sous Dèce, vers le milieu du troisième siècle. Les Grecs le fêtent le 9 mai ; les Latins, le 25 juillet.

Un monastère, sous le vocable de saint Christophe , fleurit en Sicile, au temp de saint Grégoire-le-Grand. Le culte de ce grand martyr a été universel; nous le voyons longtemps en honneur dans notre pays, en Auvergne, en Gascogne , en Champagne, en Picardie, et les cinquantes localités qui, en

France, portent encore son nom, nous prouvent que, toutes nos provinces durent avoir ici des églises, là des autels sous son patronage. S. Léon IX consacra un de ces autels à Reims. Les images de S. Christophe ornèrent un nombre considérable de lieux saints, et figurèrent, en quelque sorte, à tous les foyers chrétiens. On dira ce qu'on voudra de l'âge contemporain, mais on ne parviendra pas à ôter aux générations qui nous devancèrent, la foi qui les fit si grandes, alors qu'avec ses prétentions absurdes, le dix-neuvième siècle sue le paganisme par tous les pores, et que par là il mérite d'être appelé le siècle des petites choses.

La Belgique honora saint Christophe, surtout à Bruxelles et à Bruges. L'Allemagne, la Galatie, l'Espagne, l'Italie, l'Orient entier le vénérèrent.

Suivant saint Isidore, une grande partie des reliques de saint Christophe fut apportée à Tolède, où est encore un de ses bras. L'autre est à Rome, où un autel exista à Saint-Pierre, enrichi de cette relique. Sainte-Marie du peuple, saint Pierre-es-liens, sainte Sabine, possèdent des ossements du saint. Une de ses mâchoires a été signalée à Astorga; d'autres os à Compostelle. Plusieurs autres parties du corps sont gardées à Valence. Il en existait d'autres à Saint-Denis, en France, avant la tourmente révolutionnaire.

Bologne, Ravenne, Vérone, en Italie, Cologne, en Allemagne, Bruges, en Belgique, ouvrirent aussi aux ossements du saint martyr les trésors de leurs sanctuaires.

Les miracles de saint Christophe ont été nombreux, et les témoignages en existent dans les livres où il est question de sa vie et de son culte comme aussi dans les monuments érigés à sa mémoire. Il est mis au nombre des quinze saints auxiliateurs, qui ont une messe spéciale dans les missels d'autrefois. Il est invoqué contre la peste et contre les grands périls. Sa puissance a éclaté contre les esprits ténébreux dans les possessions. Il apparut, à diverses reprises, à des âmes pieuses, pour demander des constructions de lieux saints.

Non-seulement en France, mais encore en Italie, en Espagne, au delà du Rhin, mais dans les pays lointains, beaucoup d'églises furent dédiées à saint Christophe. Nous avons précédemment parlé des grandes images taillées du martyr, qui furent jusqu'à la fin du dix-huitième siècle, l'objet de tant de confiance et de vénération ; leur dimension atteignait jusqu'à 30 pieds de haut.

La poésie a exalté les vertus et la protection de saint Christophe. Nous traduisons ici quelques-uns de ces vers latins : « O Christophe, dit Vida, dans une de ses hymnes, les peintres te représentent portant le Christ sur tes épaules, toi qui l'avais si profondément gravé dans le cœur. »

Baronius rapporte trois autres vers d'une hymne, d'après le bréviaire de Tolède : « La taille de Christophe était grande, mais son esprit était encore supérieur. Son regard était brillant, son cœur enflammé, ses cheveux avaient l'éclat de l'or ».

Ce qui suit est la traduction d'une poésie latine de Vicelius, *(in hagiologio)*, en l'honneur de saint Christophe.

— Qui es-tu, toi qui portes si noblement Jésus-Christ ?

— Je suis celui à qui l'Enfant que je porte a donné son doux nom.

— Quel est cet enfant ? — Le Christ.

— Quel est cette statue de géant ?

— Celui que je porte comme un poids léger sous la figure d'un petit enfant, est plus grand que n'importe qui sur la terre. De lui dérive cette vertu qui donne la vigueur aux âmes et aux corps de ceux qui veulent glorifier le Sauveur en présence des peuples.

— Mais pourquoi, pénétrant dans les flots de la mer bouil-lonnante, réprimes-tu les eaux soulevées, étant armé d'un tronc d'arbre?

Dans la mer, que je domine, tu dois considérer la perver-sité du monde, qui expose les âmes pieuses à de redou-tables dangers. L'âme n'a d'autre signification que l'intelli-gence du Verbe, qui enflamme les cœurs dans l'adversité· Instruits par lui, nous bravons les rochers et les foudres, et par là nous apprenons que tout secours émane des mérites de Jésus-Christ. »

Une phrase du Missel d'Autun contient quatre vers dont voici la traduction : « Pour être protégés contre la peste, nous invoquons, en célébrant leurs louanges, S. Christophe, S. Adrien (martyr) et S. Sébastien. »

Les prières ci-après sont extraites du Missel de Milan : « Seigneur, qui dans votre ineffable miséricorde, par votre bienheureux martyr Christophe, avez arraché tant d'âmes à l'erreur des infidèles, pour les éclairer des lumières de la foi, accordez à votre peuple, par les éclatants mérites de votre serviteur, de persévérer dans cette même foi et d'être puis-sant en œuvres, par J.-C. N.-S.

Seigneur, vous à qui le bienheureux martyr Christophe vou-lut s'offrir lui-même en sacrifice, par le martyre dont il reçut a palme, sanctifiez l'hostie de votre peuple (à la messe), et faites que, offert dignement, il serve au salut des âmes qui auront reçu cette hostie sainte. P. N.-S. J.-C.

Dieu tout puissant, qui avez daigné révéler à votre bienheu-reux martyr Christophe, la connaissance des infinies perfec-tions de votre fils, N.-S. J.-C., accordez-nous, par son inter-cession, que nos âmes, lavées des taches du péché, soient purifiées par la grandeur de votre miséricorde. Par le même J.-C. N.-S.

—

Saint Christophe, au moment de consommer son glorieux martyre, pria en ces termes, d'après ce que rapportent les Bollandistes.

« Seigneur mon Dieu, qui m'avez retiré de l'erreur pour m'attirer dans cette science au nom de laquelle je vous implore, daignez accorder que là où mon corps sera mis, n'approchent ni la grêle, ni la fureur de la flamme, ni la famine, ni la mort. Que dans cette ville, que dans ces lieux, s'il se rencontre des malfaiteurs, des victimes du démon, qu'ils viennent, qu'ils prient de tout leur cœur, et qu'employant mon nom par la vertu du vôtre dans leurs prières, ils soient sauvés. Alors une voix du ciel fut entendue disant : « Christophe, mon serviteur, que ton corps soit présent ou non, partout où ton nom sera prononcé dans une intercession, ce qui sera demandé sera accordé, et ceux qui auront ainsi prié seront sauvés. »

Une association pieuse, sous le patronage de *saint Christophe, martyr, protecteur spécial contre les pestes, les tremblements de terre*, etc., a été établie dans la cathédrale d'Urbania (Italie), il y a quelques années. M. Vittorio Guidi, un des huit mensionnaires de cette église, en est le directeur. Une messe est célébrée tous les jours pour les associés. L'auteur de ce travail est inscrit depuis longtemps au livre d'admission, sous le n° 1052. Chacun peut se faire inscrire de son côté; moyennant l'envoi à M. Vittorio Guidi de 0 fr. 25, on reçoit le prospectus de l'Œuvre et l'image de saint Christophe y afférente.

Les *Ménées,* le *Ménologe grec,* l'*Eulogium,* tous les martyrologes ont enregistré la vie et le martyre de saint Christophe. Le bienheureux Pierre Damien a consacré un sermon à sa louange. A une époque reculée, il exista plusieurs monastères sous son invocation.

A propos du bâton de saint Christophe, qui fleurit sur le rivage, rappelons que la verge d'Aaron, en se couvrant de rameaux, désigna son élection au sacerdoce. Parmi les autres exemples du même prodige renfermés dans les martyrologes et les légendes, figure l'aiguillon de Raymond, le laboureur d'Alet, qui se couronna de feuilles, lorsque la sainte Vierge lui eut donné l'ordre de bâtir un sanctuaire en son honneur et qu'il eut trouvé la statue miraculeuse.

Baronius a placé le martyre de saint Christophe sous le règne de Dèce, mais le plus grand nombre des hagiographes le mettent sous le règne de Dagnon.

« Dans la collection des plombs historiés de M. Forgeais, dit M. Pessemesse. (*Archéologie populaire*). Nous trouvons plusieurs méreaux qui nous aident à compléter l'iconographie de saint Christophe. Ces méreaux, comme chacun le sait, servaient de jetons aux corporations. Plusieurs corporations, étaient placées sous le patronage de saint Christophe ; aussi on possède un assez grand nombre de ces plombs frappés à son effigie. Les arbaletiers l'avaient pris pour patron, parce que disent les Actes de son matyre, les flèches que tiraient contre lui les soldats de Dagnon, épargnèrent son corps et se retournèrent contre ses bourreaux ; une entre autres perça l'œil du roi. Cette particularité de la passion du Saint était figurée par plusieurs flèches retournées à ses pieds. On trouve ce motif sur la châsse qui renferme ses reliques, à Arba, en Dalmatie.

Au pied de la statue du Saint figurent parfois des serpents, signe de certaines délivrances miraculeuses dûes à son intercession. Les villes d'Alba, de Stuttgard et d'autres, étaient placées sous la protection de saint Christophe. En Lombardie, le jour de sa fête, on faisait une bénédiction de poivre en son honneur. Ses statues étaient très-multipliées en Allemagne.

Le *British-Museum*, de Londres, possède un manuscrit syriaque, apporté de la Thébaïde et qui contient les Actes de saint Christophe. Ce manuscrit, classé par M. Cureton, a pour titre : *Actes de saint Christophe, martyrisé sous Dèce, et porte le n° 12,174.*

Un extrait des apocryphes, rapporté par saint Vitus, débute ainsi : « Dans le temps où Dagnon régnait sous la ville de Samos, il vint un homme de la race de Canaan ». Le manuscrit finit de cette manière : « Le Saint, avant de mourir, fit cette prière : Seigneur Dieu tout-puissant, donnez une bonne récompense à ceux qui écriront le récit de ma passion. » Un autre écrit de la même époque contient à peu près la même version : « Il y avait un chrétien appelé Christophe, homme saint et très-illustre en ces temps, d'une doctrine admirable et riche en vertus. »

A la date du 25 juillet, nous lisons dans le martyrologe d'Usuard : « A Zamon, en Lycie, saint Christophe, qui, ayant été meurtri à coups de verges, et délivré, par la puissance de Jésus-Christ, de la violence des flammes, fut à la fin, percé de flèches, et ayant été décapité, consomma ainsi son martyre.

Le petit martyrologe romain continue ainsi : « A Zamon, saint Christophe, martyr. » Sa mémoire est rappelée dans les additions de Florus, sur Bède (ce dernier l'a rapportée au 28 avril), additions qui renferment un éloge un peu plus long. Mais l'auteur qui nous intéresse le plus est Adon, qui a exprimé en peu de mots et d'une manière si élégante toute l'annonce qu'Usuard n'a rien trouvé qui put être modifié, ni retranché. Il n'est pas douteux ici que les copies de saint Jérôme ne célèbrent aussi le même Christophe, quoi qu'il en soit des quelques altérations de nom et de lieu. Quant à ses gigantesques statues et ce qui les concerne, voyez, Florentini et la note de Papebrock aux éphémérides Gréco-Mosques ; cette note vous fera connaître ce qu'il faut penser des Actes publiés sur saint Christophe. (*Martyrologe d'Usuard*, publié par J. Carnandet et Mgr J. Fèvre.)

A la date ci-dessus, le martyrologe romain dit : « En Lycie, saint Christophe, martyr, qui, sous l'empereur Dèce, fut déchiré avec des verges de fer, et préservé de la violence du feu par la puissance de Jésus-Christ, et enfin percé de flèches et décapité, pour achever son martyre.

XI. Notes de M. l'abbé Corblet sur saint Christophe à propos d'une ancienne médaille.

On sait que dans un grand nombre de monuments religieux, on voit une statue plus ou moins colossale de saint Christophe, soit à l'un des portails, soit dans une chapelle située à l'entrée de l'église. Malgré les nombreux actes de vandalisme qui ont pris le gigantesque saint pour point de mire, nous voyons encore figurer sa représentation légendaire, inspirée par la signification de son nom, dans de nombreuses églises de notre diocèse, à Conty, à Oisemont, à Saint-Riquier, à Saint-Martin de Doulens, à Bellencourt, à la cathédrale d'Amiens, où le XVIIIe siécle a voulu rivaliser, par le ciseau de Dupuis, avec l'œuvre naïve et grandiose que le XIIIe siècle avait sculptée à l'extérieur d'un portail. L'intention primitive des artistes, à une époque où tout était symbole dans l'art comme dans la liturgie, était de rappeler aux fidèles qu'ils devaient porter Jésus-Christ dans leur cœur avec autant de soin que Christophore le portait sur ses robustes épaules. Plus tard, une pieuse croyance vint s'attacher au culte de celui qui, selon la légende , avait passé successivement du service d'un roi à celui du diable et du service du diable à celui de Jésus-Christ. On estima qu'on était à l'abri de tout danger, pour le reste de la journée, quand on avait jeté un coup d'œil sur la statue de saint Christophe : c'est ce qu'exprimait cet adage :

Christophorum aspicias, postea tutus eris

Saint Christophe, dont le seul aspect protégeait contre tous les dangers, devait être surtout visité dans les temps de peste. En lui donnant une place sur une médaille de piété parmi les patrons spéciaux invoqués contre les fléaux contagieux, on n'y introduisait pas un élément étranger ; on conservait au porte-Christ le rang qu'il occupait dans la dévotion populaire, et on économisait pour les pieux confréres la course qu'ils auraient dû faire jusqu'à la cathédrale. Il leur suffisait de considérer leur médaille pour se croire à l'abri de toute atteinte contagieuse.

Ce n'est pas seulement dans la ville d'Amiens que saint Christophe était l'objet de la vénération populaire ; son culte était répandu dans tout le diocèse, où on l'invoquait spécialement pour échapper aux maladies contagieuses et pour conserver la vigueur corporelle : à Abbeville, c'était le patron des scieurs de long qui ont besoin d'une grande énergie musculaire pour exercer leur fatiguant métier ; sur les bords de la Somme, c'était le patron des mariniers qui, le 25 juillet, élisaient à Bray un roi et une reine, en enviant peut-être à leur glorieux protecteur le privilége qu'il avait de traverser les fleuves sans le secours d'une barque ; à Doullens, les jeunes gens des environs, avant de prendre part à des jeux qui nécessitaient le déploiement d'une certaine force musculaire, allaient invoquer dans l'église Saint-Martin celui qui, comme l'antique Atlas, porta le monde sur ses épaules ; à Hangest-sur-Somme, le jour de la fête des *brandons*, c'es-à-dire au premier dimanche de carême, les jeunes gens parcouraient la place, vers le soir, avec des torches enflammées et chantaient ce refrain :

> Saint Christophe
> Envoyez-en de grosses (pommes),
> Des tiots cafignons
> Pour manger en saison.

Dom Grenier, qui nous raconte cette bizarre cérémonie, y voit un souvenir du paganisme, mais il ne nous explique pas le motif de l'invocation à saint Christophe. Il est présumable qu'à Hangest, et peut-être ailleurs, on l'invoquait pour la prospérité des biens de la terre.

A Albert, à Lanches, à Velennes, saint Christophe est le titulaire de l'église On vénérait de ses reliques à Mareuil, à Saint-Pierre d'Abbeville, à Saint-Pierre de Corbie, à Longpré-les-Corps-Saints. On voit que bien des contrées de notre diocèse rivalisaient de dévotion avec la ville d'Amiens, qui montrait avec orgueil la colossale statue de saint Christophe, qui avait donné le nom de ce saint véneré à l'une des tours qui flanquait son enceinte, et qui, en 1310, avait fait peindre sa légende au-dessus dn portail septentrional de Notre-Dame.

Je crois avoir suffisamment expliqué la présence de saint Christophe sur la médaille qui nous occupe, par la popularité qu'a eue, dans notre diocèse, le culte du saint martyr de Lycie et surtout par l'idée superstitieuse qu'on attachait à l'aspect de son image.

Nous couronnerons ces pages en l'honneur de saint Christophe, par l'invocation suivante, spéciale pour les temps présents.

XII. Invocation à saint Christophe pour les temps présents.

Glorieux martyr saint Christophe, obtenez à tous ceux qui invoquent votre puissant secours, d'être préservés des pestes, des épidémies, des tremblements de terre, de la foudre et des tempêtes, des incendies et des inondations. Protégez-les contre les châtiments providentiels, dans le temps, et préservez-les de la perdition éternelle. Délivrez-les de toute mort subite et de toute fin malheureuse. Ainsi soit-il.

Les chrétiens fervents des siècles passés étaient pleins de foi en cette pieuse croyance que quiconque jette, le matin, un regard sur une image de saint Christophe, ne meurt durant ce jour ni subitement, ni par une calamité quelconque.

Un vers léonin passé en adage disait : Regarde Christophe, et puis va-t-en rassuré.

Christophorum videas, postea tutus eas.

La bonté de saint Christophe a été l'origine de plusieurs proverbes. On disait entre autres choses : Ceux qui te voient le matin rient la nuit.

Qui te mane vident nocturno tempore rident. On dit aussi au singulier : *Qui te mane videt nocturno tempore ridet.*

Une figure en argent du même saint, qui existait autrefois dans le trésor de la Sainte-Chapelle, à Paris, portait sur son piédestal deux vers latins rimés qui signifiaient : Quiconque considère la face de saint Christophe, certainement n'est saisi ce jour-là par aucune affliction.

Christophori sancti speciem quicumque tuetur
Ista namque die non morte mala morietur.

Quiconque considère l'image de saint Christophe, est assuré ce jour-là de ne point mourir de mauvaise mort.

Cette pieuse confiance n'a jamais été blâmée par les papes, qui ont même approuvé plusieurs associations en l'honneur du saint martyr.

Saint Pierre de Rome possède une châsse, datant de la Renaissance, vers l'an 1520, où l'on conservait une épaule de saint Christophe. On y lit quatre distiques, dont le dernier es une invocation au saint contre la peste. Voici le troisième :

Illius. ergo. die. sacrum. qui. viderit. omni.
Morte. vacat. tristi. fletus. et omnis. abest.

Quiconque aura vu la sainte figure, est préservé ce jour-là de toute triste mort et de tout malheur.

Les inquiétudes inspirées par l'avenir sont un grave motif de rallumer le zèle envers ce grand Saint. Aussi avons-nous cru devoir offrir à nos amis la reproduction, avec l'exactitude photographique, de la plus ancienne image existante de saint Christophe. Elle est datée de 1423, et il n'en est connu que trois épreuves. Cette naïve gravure sur bois excitera davantage la piété que toutes les autres.

EPILOGUE.

Nous empruntons à un esprit fourvoyé du catholicisme, le bel aveu ci-après. Le Christ parle ici à un philosophe découragé qui avait étudié toutes les sciences, médité tous les systèmes, et qui en était venu à douter de tout :

« Tu as donc perdu à de vains efforts la vigueur de ta pensée, et toi qui voulais tout savoir, tu n'as pas même appris à vivre. Apprends à aimer et à faire du bien, voilà la vraie science de la vie,

» Souviens-toi de la légende de Christophore. C'était un géant terrible, mais comme il ignorait l'usage de sa force, il était faible comme un enfant.

» Il lui fallait donc un tuteur et il se mit au service d'un roi, mais le roi fut malade et Christophore le quitta.

» Il chercha celui qui peut faire souffrir les rois, et comme il ne connaissait pas Dieu, il s'attacha d'abord au génie du mal. Cependant un jour une croix apparut sur un rocher, et le génie du mal tomba comme frappé de la foudre.

» Christophore chercha alors celui dont la croix est le signe, et un vieillard lui dit qu'il le trouverait en faisant du bien.

» Christophore ne savait ni prier ni travailler, mais il était fort et de grande taille, et il se mit à porter sur ses épaules, les voyageurs égarés qui voulaient traverser le torrent.

» Or, un soir, il porta un petit enfant sous lequel il s'inclina comme s'il eut porté le monde, car dans la personne du pauvre orphelin égaré, il avait reconnu le grand Dieu qu'il attendait.

» As-tu compris cette parabole ?

— Oui Seigneur, dit le philosophe devenu chrétien

— Hé bien ! vas, et fait comme Christophore, porte le Christ lorsqu'il tombe de fatigue, ou lorsque les torrents du monde s'opposent à son passage. Le Christ pour toi sera l'humanité souffrante. Sois l'œil de l'aveugle, le bras du faible et le bâton du vieillard, et Dieu te dira le grand pourquoi de la vie humaine.

— Je le ferai, Seigneur, et désormais je sens que je ne serai plus seul au monde ».

TABLE

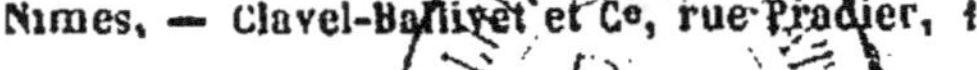

Nimes. — Clavel-Ballivet et Cᵒ, rue Pradier, 12

PRIMES

Photographies pieuses a 0 50 l une La douzaine , 5 fr

Ces photographies sont reduites a 0 50 pour toute personne qui nous demande pour 3 francs de nos ouvrages et au-dessus

---

1 Notre-Dame des Anges (ou de Fontet)
2 S Christophe protecteur spécial contre les accidents dans les temps mauvais les maladies épidemiques la mort subite les fleaux Avec invocation
3 S Raphael guérissant S Roch Cet archange preside aux guerisons aux voyages heureux au bonheur domestique préserve de la peste comme S Roch. Invocations
4 S Michel archange protecteur de la France
5 Léon XIII nomme par S Malachie *Lumen in cœlo*
6 Louis XVI, Marie-Antoinette et le Dauphin
7 Le chateau de Chambord
8 S Antoine de Padoue invoqué pour retrouver les objets perdus (Stozzi)
9 Mgr le comte de Chambord
10 Saint-Louis roi de France, en croise (Pradier)
11 Notre-Dame de Lourdes
12 Notre-Dame de la Salette
13 La Vierge au silence (Carrache)
14. La Vierge a la Grappe (Mignard)
15 La Vierge a la chaise (Raphael)
16 La Vierge dite Belle Jardinière (Raphael).
17 Mort de S Bruno (Le Sueur)
18 Le Christ et la Madeleine (Le Guide)
19 L étendard du Sacre Cœur (Pathay)
20 La descente de croix (Rubens)
21 Saint Joseph et l Enfant-Jésus
22 Portrait de la Voyante Anna-Marie Taigi
23 Le Sacre-Cœur de Jesus
24 Sainte Philomène
25 L Ange Gardien
26 Portrait de Bernadette (Lourdes)
27 Basilique miraculeuse de Fontet
28 Anges portant la *santa Casa.*
29 La sainte chapelle de Paris
30 Interieur de la sainte chapelle restaurée

OUVRAGES RÉCENTS DU MÊME AUTEUR

QUI PEUVENT LUI ÊTRE DEMANDÉS DIRECTEMENT,

rue de la Vierge, 10, à NIMES.

Preuves éclatantes de la Révélation par l'histoire universelle., ou les monuments et les témoignages païens, juifs et profanes, de tous les temps et de tous les peuples, confirmateurs de la Bible et du Christianisme. Avec un bref de Sa Sainteté Pie IX et des lettres d'éminents évêques. 4ᵉ édition, mise en rapport avec l'état présent des choses; un beau volume format Charpentier, de 600 pages. Franco par la poste....... 3 fr. 50

Cet ouvrage est la démonstration de nos croyances par les faits et par les aveux des adversaires de la foi, recueillis dans les annales des six mille ans du passé.

Rome et la France, 80 articles puisés dans les docteurs de l'Église et les écrivains les plus autorisés, formant un ensemble doctrinal et anecdotique, pour la glorification du Saint-Siége et notre *vieux droit national*, in-18. Envoi franco.............................. 0ᶠʳ,50.

Vie nouvelle d'Henri de France, in-8º, 7ᵉ édition. Envoi franco.. 0ᶠʳ,75.

Lettres d'Henri V, avec introduction, in-8......... 1, 50.

Dernier mot des Prophéties, 1 vol.................. 1, 25.

Evénements miraculeux de Fontet, de Blain et de Marpingen, 1 vol.................................. 1, 00.

Nimes. — Imprimerie CLAVEL-BALLIVET et Cᵉ, rue Pradier, 12.